너의 심장을 열어보고 싶은

김호준 시집

시인동네 시인선 182   김호준 시집

너의 심장을 열어보고 싶은

시인동네

시인의 말

관찰자의 눈으로 본 세계는
가냘프고 야윈 형태로 이루어져 있지만
내 안의 기억은 경험에 그 뿌리를 두고 있다.

그러니 자립을 위한 노력은 항상 실패하고
지나버린 여러 심장의 모습을 통해
과거를 떠올릴 뿐이다.

2022년 8월
김호준

차례

시인의 말

제1부

달의 기운 · 13
방 안에서는 무슨 일이 · 14
삶은 반쪽으로 · 16
내일은 일어설 수 있을까 · 17
관(棺) · 18
사막의 파수 · 20
월경(越境) · 22
중력 1 · 24
중력 2 · 25
해빙 · 26
치타델레의 귀순 · 28
시참(詩讖) · 30
제설 · 32
참례 · 34
심폐소생 · 35
미시 · 36
월경성기흉 · 38

들의 장례식에는 눈이 · 40

말 · 42

드레싱 · 44

제2부

해부 1 · 47

해부 2 · 48

해부 3 · 50

해부 4 · 51

해부 5 · 52

해부 6 · 54

해부 7 · 56

해부 8 · 58

해부 9 · 59

해부 10 · 60

응급실 1 · 62

응급실 2 · 63

응급실 3 · 64

응급실 4 · 66

응급실 5 · 68

응급실 6 · 70

응급실 7 · 72

응급실 8 · 74

응급실 9 · 75

응급실 10 · 76

제3부

어느 집착 · 79

탑정호에 묻다 · 80

무산(霧散) · 82

금새 · 84

장미는 세다 · 86

시집 · 87

정원사 · 88

위태(僞胎) · 90

연가 · 92

다시(茶詩) · 93

흔한 기침약 · 94

탯줄 · 95

실조(失調) · 96

코르사코프 증후군 · 98

침습(侵襲) · 99

월유(月幽) · 100

아니마 · 101

사과 · 102

해설 의사의 윤리와 시인의 윤리 사이에서 · 103
     이정현(문학평론가)

제1부

달의 기운

할아버지의 고개에는 달이 매달려 있어요 텅 빈 도화지를 넘기며 세월을 흘리는 동안에도 달은 차오르거나 사그라지지 않았어요

오랫동안 서로에게 기대어 살아온 식도와 기도는 분화구가 생긴 다음에야 멀어졌어요 후두암이 모든 말을 적출하여 더 이상 통하지 않는 기도 위로 은색 비늘이 자라났어요

분화구에 낚싯대를 드리워요 미늘에는 후각 망울이 걸렸을까요 옴팡진 골짜기를 떠나지 않는 물고기에게서 달의 냄새가 나질 않아요 눈에서 눈이 옮겨가요

기울어질수록 기울어지는 달은 아가미처럼 여린 조직, 들썩임을 봉합하던 달빛은 아직도 낚싯대를 잡아당기고 있어요 와락

방 안에서는 무슨 일이

 문이 열리자 반은 살아있었고 반쯤은 죽어있었을 상자 하나가 선반 꼭대기 층에 놓여 있다. 상자 안에 무엇이 담겨 있을까 궁금한 이도 있겠으나, 상자가 어째서 여기 있어야 하는지 의문을 가진 이도 적진 않을 것이다. 하지만 '있다'라는 말은 과연 얼마나 적절한 표현일까.

 선반 위층으로 갈수록 층의 간격은 좁아지기 마련이므로 꼭대기 층이란 언제나 가장 무거운 자들의 몫. 가난한 이들의 터전인 그곳은 매우 저렴한 공간이기도 하다. 아래층으로 내려가기 위해서 상자는 얼마나 더 많은 체중을 덜어내야 할까. 충분히 가벼워진다면 맨 아래층 상자는 땅과 달라붙을 걱정 따윈 하지 않아도 된다.

 상자는 왜 이탈하려고만 하는가. 올리고 내리는 것이 스스로 결정할 수 있는 문제도 아닌데 그들의 노력이 제법 필사적이지 않은가. 에너지가 강할수록 불안해지고 지면으로부터 멀어져야 하는 자연계의 섭리를 그들 또한 모르지는 않을 터.

같은 계층의 선반이 끊임없이 이어지는 현상을 하나의 궤도로 본다면 모든 상자들이 한 궤도를 따라 돌아야 한다는 법도 존재하지 않는다. 그러니 우리는 이것에 대한 논의를 계속 이어 나가야 한다. 그 궤도를 직접 눈으로 본 사람이 이제껏 없었을지라도.

 애초에 상자가 어디서 발견되었는지 목격담은 엇갈리고 있다. 연속선 위에서 불연속적인 이동을 하는 상자의 궤도를 확인하기 위해서라도 우리는 자주 방문을 열어보아야 할 것이다.

삶은 반쪽으로

　장이 열리면 나는 하루도 거르지 않고 그곳에 들러 시퍼렇게 날이 선 칼을 구해오곤 하였다 눈을 뜨면 산란기를 맞은 빛줄기들이 해변에 나가 옷을 벗는다 나는 아무도 모르는 흉터 안에 그것을 숨겨놓았다 어린 고래는 한쪽 고환을 잃었다 바다색은 유독 진했다 왼쪽에서 이는 파도가, 거셌다 축 늘어진 지느러미는 이따금씩 똬리를 틀었고 등에는 짜디짠 멍이 허물어지지 않은 채 퍼렇게 여물어간다 혈전이 풀리지 않아 산호가 되어가는, 수술대에 오른 유선형의 몸통은 가벼운 흔적으로 남을 다리를 구겨 넣은 지 오래, 갓 자란 해초 사이로 허연 거품 일며 푸푸거리는 모습이 영락없는 사춘기 소년이다 주섬주섬 손이 줍는 쓰레기들에 나는 실망하지만 칼을 찾는다 포기하지 않고 기나긴 관을 이어온 어린 짐승의 숨소리는 지난한 자리들을 옮겨 다니며 칼의 시간을 벌어 주었을 뿐인데 더 이상 들리지가 않는다 나는 가차 없이 선을 그어 기울어진 순간을 들어낼 것이다 먼 바다로 흘러가 돌아오지 마라 다시는

내일은 일어설 수 있을까

 술에 취한 병실 침대가 벽시계를 흔들어 깨우는 사이 뻐꾸기는 방문을 걸어 잠갔다 밤새 오줌을 지리던 새우는 채 펴지지 않은 등으로 종이 달력을 걷어 올리고 있다 화장을 하지 않은 간호사가 건조하게 문을 연다 정확히 두 갈래의 표정으로 정수리를 튼 가르마 바다에서 바다로 물은 흐르니까 이상하다 떨어지라는 말을 들은 것은 분명한 사실 종이컵을 내밀던 여자가 침을 뱉는다 의자차가 다가와 침대를 바다로 몰아내는 일이 빈번하니 어떠한 것도 주고받지 않는 시대임에는 틀림없다 이름이 같은 사내가 하얀색 가운을 입고 있어 의자차를 밀어준다 따뜻한 바다를 지닌 복도에는 자갈이 박혀 있고 그림은 벽에 엉겨 붙는다 오줌통을 집어 들면 알약을 두 알씩이나 떨어뜨려 주는 햇살이 신문을 밟고 들어온다 바보상자에서 쏠려 나오는 음식에는 소리가 나지 않고 소리는 식판을 거쳐야 들리지 않는다 먼지들이 피아노 건반을 친다 명찰보다 잔인한 사슬이 망상이다 오늘의 소식도 나를 다루지는 않았다 점심을 먹을 자격이 없어 다도(茶道)의 예는 소중하다 옆 사람에게 흰 옷을 빌려야 다음날에도 일어설 수 있다 다리에는 자라지 않는 뼈들이 기생하고 있다

관(棺)

  철창살 아래 맞물린 빈소에는 흰 옷 입은 여인이 주저앉아 눈 흘기고 있다 그녀의 빛바랜 조문이 쌓여가는 길을 나는 건기로 하였다 벽이라는 언저리에 파묻힌 구획을 들여다보았다 우리에 갇힌 구멍들이 듬성듬성 매달려 있다 땅거미를 타고 올랐다가 새벽녘이 되어서야 비로소 겸손해지는 체열의 생리(生理)처럼 매일, 굴러떨어지고 마는 구멍이었다 그것을 피하지 못하고 깔려 죽은 세대가 제법 많았다는 소문을 들었다 장례식 다음에 찾아오는 일상이란 언제나 잔망스러운 것뿐이어서 기도를 구겨 넣은 어귀에는 허기진 밥알들만 퉁퉁 불은 채 고름같이 맺혀 있다 그늘도 지나치면 뼈와 살이 될 수 있을 거라 배웠는데 구멍 안을 쫙 벌려보니 야윈 표정들만 여럿 누워 있구나 살아남기 위해 깊어진 주름을 옹이라 한다면 살점으로 도배한 우리의 입구는 차츰 건조해지리라 반들거리던 멍 자국은 뿌리를 내리리라 헛장의 말간 살갗을 몇 번이고 쓰다듬던 나는, 건실하게 뜬 살얼음 한 삽으로 새하얗게 질린 손바닥, 검은 돌처럼 반짝이는 눈망울과 마주칠 때마다 상을 뒤엎어버리곤 하였다 그러니 나의 하얀 등줄기에 수놓인 검은 줄무늬는 나를 무능하게 보이도록 만드는 위장술이다 어석거리며 숨 쉬는 가늑골(假肋骨)이다 빛을 딛고 선 혼잣말의 늘어지는 그림자가 나를 염하려 든다 진정 어두운 틈새가 안락함을 기르는 우리였다면 나에게로 왔던 첫날밤, 상여 안에서 그토록 고역을 치러야만 했던 이유는 무엇이냐 입구가 생기기도 전에 열리는 구멍이 있다 가만 생각해보니 애당초 묻지 못할 질료가 있다

사막의 파수

종종 바다로 밀려나가는 사막 한가운데에서
나는 파수꾼임을 자처해왔다

모래알을 움켜쥐던 바닷물이 다 말라버리고 나면
가늘고 투명하게 번지는 양막이 살색 협곡을 에워싼다
하얀색 외투는 내 몸에 꼭 맞으니
성급하게 메운 실루엣이 분명하다

소매의 공백을 축내온 태양이 겨우 저물었다
소금보다 여려서 방랑자인 모래 알갱이들이
굴곡진 낙타 잔등에 달라붙어 별자리처럼 타오른다
내막의 면을 매만지며 우그러지는 빗방울에서
한 모금씩 물비린내가 묻어나온다
가지런히 흘러내리는 점적(點滴)들마다
시퍼렇게 설익은 혈관 가지들이 뻗쳐 있다
메마른 천둥소리는 모래바람에 묻혀 허우적대는 사막의 오랜 풍습이다

양막은 과연 누군가의 탄생을 숨기려 드는가
손이 귀한 대지는 잡음으로 운다, 파도가 되어
뭍으로 돌아오지 못한 태아의 비명은
수면 아래 감춰진 파동의 골이 등고선을 찢고 나온 징후이다

오래 잠들었던 양수가 쏟아져 나오니, 이제는 나의
새물, 퍼덕이는 진전(震顫)에서
비늘 떼 지은 연푸른 화생(化生)*이 몰려올 시각이다

---

*화생(化生): 형태와 기능을 바꾸는 세포 재생의 수단은 개체의 생존에 이로운 경우가 많다.

월경(越境)

공중에 찰랑거리는 뾰족한 입자들이 누군가를 노려보고 있다
푹 찌르기로 마음을 먹은 용사들의 운집
휘어지는 대기의 수런거림 속에는 언제나 그런 사연이 있다

이를테면 허공이라 불리는 입자는
어디에도 울려 퍼지지 않는 노래
누군가는 격리될 예정인

슬픈 침묵의 간격
당신을 만나러 가는 길에서 길을 밝힌 상향등
나에게 쏟아지며 입자들은 죽거나 죽어가고
그 시체들에게서 오래 묵혀둔 빨래의 냄새가 나는 건 왜일까

진료실에 백일하 드러날 원두커피의 향도 말수는 적다
세상에서 가장 길고 어두운 터널을 지나오면서
맹수처럼 끌려 나오는 냄새들에게도 층위가 있다는 사실을 배웠다

잊기 위한 방법 또한 그러한 시차뿐인 걸
때마침 창밖 하늘을 올려다보니
터진 봉합선 틈새를 비집고 무언가 흘러나오려 한다

그것을 그냥 참고 내버려두고 싶다
오늘만큼은

중력 1

추락하고 있다
단 한 번도 닿지 못한 점을 향해

어두운 흔적의 맞물림을 끝으로
모두의 뒷모습이 드러나는 시각,
절벽으로 번져나가는 나선계단처럼
한 꺼풀씩 벗겨져
움푹 파이고 마는 막들이 있다

무릇 온전한 지평선이란 없는 것이다
바닥을 매만지다 보면
발자국을 느낄 수도 있지 않은가
점이라는 입자, 막이란 때로
휘어지는 면 위를 떠다니는 기억이기도 했다

막 떨어지기 시작한
관성(慣性)처럼

중력 2

간밤에 보이지 않던 와인 잔과 재회했다
차가운 수면을 그대로 매단 채 돌아왔다
기울어진 파도에 엇갈린 접선들
둥근 면들이 지닌
서로 다른 장소의 무게
꼭 어제의 약속처럼 이곳저곳 맺혀 있을
저 바다에도
알고 보면 겹겹이 젖은 길이 나 있다
내가 오길 기다리면서 동동 굴렀을
유리의 작은 발자국
당신도 와인 잔의 행적을 쫓는 날이 반드시 올 것이다
단지 쉽게 깨지기도 하므로
서로의 흘러버린 물기를 닦아주었을

해빙

하얀 눈 입자들이 초록빛으로 밀려 나가는 것은
겨울나무처럼 잔잔히 머물러 있어 유독, 사연이 깊은
나의 두 다리
그들의 증언 덕분이다
신발 밑에서는 자박
얼음이 자박거리다 못해 푸르다

언제부터인가 불어 닥친 눈바람 소리에 시려
빙판 위를 걸어오면서 나는
투명했던 임종들을 말없이 지켜왔다
죽음으로서 온화해지는 무리들을 멀리 떠나보내며

얼음에게도 있다는 심장은
따뜻해져서 혈류를 흘리고
풍랑에 휩쓸리듯 유약한 경사를 따라
목이 마르다는 눈으로 물빛 신음을 내고는 하였다

얼음처럼 단단해져 다리가 잠겨버린 초록빛은

어느 생의 꿈만큼이나 사소했던 것일까

나는 육지로 돌아와 초록빛이 벌이고 있는 초록빛을 파보기로 하였다

나직한 목소리들이 도란도란 울려 퍼지고 있다

치타델레의 귀순

내 몸에 기생하는 외래의 냄새는
방 안의 불이 꺼지면 백일하에 드러나게 될 창
틈의 그림자들에게 알맞은 표적이다

수증기처럼 배회하고 오랜 야행으로 비는
나태를 가다듬는 것으로 어둠을 불러야지
숱하게 뒤적이던 이 어귀에서 침묵만은 사랑이니까

창밖 이들에게도 분명 파도는 있어
아니 잊힌 불면의 습기는 수직으로 흔들리는 기원들
부풀었다던 저항으로
묵묵히 흩어지는 파문으로
충분했던

캄캄해지면 점점 손목이 없어지는 태엽시계 항적을 벗는다
청진기의 입가에 어린 주글주글한
얼마간의 은비늘로 달빛에 손짓하는 신기루
연기와 비와 와인은 느릿느릿, 태교를 위한 음파였다

밤이 내게 사랑한다 말한 적은 없으므로
이제는 들어야지 창가에 열린 꽃말을 들어야지
그들을 보내는 마지막 송가
태어나지 못한 자들의 소식을
나는 다시 묻지 않겠다

시참(詩讖)

너의 까만 눈동자 어딘가에
방벽의 휘청거림이 있고
속치마와 똑같은 체온을 지닌 천장이 있다

보다 더 깊이
깊숙이 솟아난 울타리는 우리의 집이다
차디찬 너의 혈관들은 잎맥처럼 일어나 검고 무성한 숲을 이루었다지
구불구불 뒤엉킨 일가들이 그곳에서 흘러나오곤 하였지

너의 눈시울이 붉게 물든 것은
우리가 죽인 사람들이 너무 많기 때문이다
해후하지 못한 채 집을 빼앗긴 그들에게는 참 많이 미안하다

미래야
온몸에 젖은 나의 사랑스러운 친구야
이제부터 내가 부를 목가(牧歌)는
눈 감을 때까지 너와 함께할 나의 굳은 불씨이다

슬퍼하지 마라
텅 빈 폐가에서 불안한 호흡으로 춤을 추라
담배 연기 비집고 허연 유골 드러나게
분가루로 온몸 칠하고 있어 창백하기만 한 나의 미래야
영원히 너의 고개를 어루만질 것이다

어둑해지면 네 하얀 치마 결 타고 미끄러질 모닥불
그곳이 아니라면 어디에서 너와 헤어지겠느냐
미래야
그리운 나의 영혼아

제설

폐경을 맞는 여인에게서
함박눈 쌓이는 소리가 난다
서로의 살갗과 뼈마디를 단단히 엮은 채
자궁의 축축한 주름 위 까치발 들고 서 있는

창문에 서린 물결무늬, 뭐든 거둬들이던 통로
녹슨 계단과 난간을 이제는 토해내고
움푹 파인 가장자리에서 얼어 죽은 나그네들이
계절 따라 깊이를 달리하는 눈밭을 비집고 나와 햇볕을 쬐
고 있다

허리춤 깊숙이 스며드는 눈바람만이
중력마저 유예된 올해 겨울
증후(證候)의 시작, 벽에 걸려 경계를 이루고 있었을 뿐
창밖 어디에도 눈은 내리지 않는다

마지막으로 치켜든 나의 칼끝이 저 방죽의 내벽을 긁어낸다
잘려 나간 눈덩이 속 영근 자들의 살결에는

아직 얼어붙지 못한 혈류가 꿈틀대고 있어
석양의 찌꺼기들만 쪼르륵 빠져나간다

참례

   병동 침대 시트마다 겹겹이 묻어둔 얼굴들이 있다
   가끔 나는 그 언저리에 쪼그리고 앉아 그들을 꺼내고
기도문처럼 읽는다
   당신에게 가는 오늘이 점점 길어지겠지만
   불운을 메우고 남겨진 모서리를 오래 어루만진다
   바다보다 깊은 어항을 가져다 당신을 넣는다
   시원한 저녁을 읊조리는 당신을 보며 스스로를 다독이듯
재촉한다
   병동에는 가끔 먼 곳까지 갔다가 돌아오지 못한 자들이 있
지만
   나는 그들에게서 어둠과 어울리지 않는 계절에 대해 배우고
   나이가 들어가는 시간과의 공통점을 찾는다
   언젠가 이별한 친구들이 보일 때면
   소박한 노래가 날아와 어항의 벽면을 따라
   눈물처럼 움직인다
   그렇게 매일 달라지는 얼굴들이 있고
   나는 당신과 함께 바다로 떠날 준비를 하고 있다

심폐소생

하루가 다르게 그늘이 움트는 중환자실에서
통나무처럼 굳어가는 어느 육신을 본다
죽음을 감싸고 있는 갈비뼈의 저린 숨
살갗을 찢고 나갈 것 같은 고동 소리가 들리자
우리는 예정대로 그 가슴이라는 배에 올라탔다
긴 여정을 위해 노를 젓는 사람처럼 명상에 잠기는,
그의 심장 속에 바닷물이 흐르고 있다
풍랑의 향방은 새어 나오는 심전도와 같이 다난하고
한 자루 목필로 적을 수 없는 인생사보다 긴 뿌리를 지녔다
뗏목 위로 범람한 물줄기에 지켜보던 아들만이 짧은 비명을 냈을 뿐
서로에게서 점점이 작아지고 있는, 안개 속에서도
눈이 멀지 않는 물고기가 떼 지어 바다를 건너듯
온몸을 맡기고서야 닿은 평지
배에서 내리자 수면은 고요해졌다
이윽고 비가 내렸다

미시

유리잔 너머 물방울들이 기어 내려오고 있다
자세히 보면 층을 이룬 안과 밖의 증기들
서로를 끌어대며 부지런히 벽을 도배하는 중이다

한 잔 비워낸 사람들은 오늘도 어김없이
유리잔 속으로 빠져버렸다
빼곡하게 매달린 액체들이 집 안을 넘나드는 층계라면
가본 적 없어 깨끗한 자국도
하나의 가풍(家風)이겠다

너와 내가 다르다고 흘러 들어간 곳
각자의 방에 들고 서로의 잔을 주고받는
비우고 나면 다음 이들에게 허락되어질
서툴게 차오르는 방

위로 아래로 쥐어짜 보면
빌붙던 공간 사이 유리창이 으깨지고
낮은 계단 얼어붙은 허공의 틈이 뭔가를 흘러낸다면

사람들이 뛰어나와 짜 누를 수도 없이
딱딱해질 것, 언젠가

월경성기흉*

겨울
매달이 고역이다
기침으로 나온 세상에서
핏덩이들은 한 장 휴지에 지워진다
한숨을 주워 거품으로 욱여넣는다

봄
비 내리는 여관방에서
나에게 귀 기울인다
죽음을 기다리는 숨은
가벼운 잠음이다

여름
구멍을 매단 브래지어를 자주 입는다
기울어져 간다 허공으로
무람없는 안부를 내던지고
한쪽으로만 가슴을 불린다

가을
나무에 미어지는 그늘을 따다 보면 썰겅거리는 소리에 취한다
목젖에 걸린 이름 없는 주검들을 꺼낸다
뿌리는 보이지 않는 지하로까지 내려가 흙을 빨고 있었다
기도에는 보호막이 없어서 나는 처녀가 아니다

---

*월경성기흉: 자궁에서 떨어져 나간 조직이 폐 안에 정착하여 생리 때마다 가슴통증, 호흡곤란, 객혈을 일으키는 병. 환자는 폐로 월경을 한다.

들의 장례식에는 눈이

 나는 남자들과의 부딪침이 두렵다 거울을 깨고 나온 명암은 허공에서 휘어진다 성긴 모공들 사이로 고개를 드는 연기(煙氣)는 예후가 투명한 난치, 기도의 문을 두드리는 바이러스

 14년 전
 영어 공부를 하다 늘어진 테이프는 아버지들의 망상을 꿰매는 일에 쓰였다 우는 상처들 속에서 나는 반란의 기수, 황제는 봉합의 대상 눈이 오는 날 나는 테이프를 새것으로 바꾸기 위해 집을 나서곤 했다

 10년 전
 운동장에 서면 나의 살갗에는 모래알이 돋아났다 공처럼 뒹굴다 바닥이 드러나는 접점에서 아이들의 발길질은 싱겁게 녹아내렸다 운동장을 하얗게 덧칠하는 날에는 어김없이 눈이 내렸다

 18년 전
 세 들어 살던 옆집 남자가 죽었다 어린 아들에게 하얀 젖을

물리던 숙모는 문을 닫지 않고 살았다 세모눈에 대한 복수는 구멍으로부터 멀어지는 연정(戀情)

5년 전

전반에는 골을 많이 넣었고 후반에는 수비만 하다가 졌다 축구 경기를 중계하던 연병장에서 사선(死線)들은 자리를 옮겼다 하악골만 앙상하게 남긴 채 살아남은 하얀 이들이 탈영했다

7년 전

운전을 하면서 난잡하게 김을 불어넣으니 면허증은 심장에서 튀어나왔다 뒷좌석에 남자들을 태웠다 면허 없는 아가리로 자동차를 쏟아낼 줄만 아는

영정 사진의 얼굴은 자주 바뀐다
상복을 입는 매일이 장례식이다

말

날카로이 벼린 무언가에 갈려져 고른 말이 되었지만
낱장의 무게를 이기지 못한 채 쏟아지는 의서(醫書)에
그들이 운신할 자리는 없다

ㄱ, ㄴ, ㄷ······.

종이를 넘어서자마자 뚝뚝 떨어지는 말
쭈그려 앉아 있는 그들 위로 세월의 무게가 추출되고
낮게
더 낮게, 병실은
환자의 말을 받아내고 있다

성긴 모공들마다 담배 내음이 밴 예순여덟 살 남자 환자
날숨을 타고서 흘러내리는 그의 말은 차갑다
어려운 글자들로 가득한 하얀색 가운이 의자에 앉자
말들은 차트를 앞에 두고 제자리를 찾기 위해 발버둥치고
있다

연이은 사업 실패로 떠나보낸 아내의 그림자와
지키지 못했던 아이들이 보내온 편지와
늙은 어머니가 삭인 눈물
그들은 모두 걸러지고 말았다

밖에서 묻어온 그을음이 병실과 어울려
누렇게 익어가고
안으로 연명해온 말들은 한 방울씩 떨어지는 링거액 따라
천천히 식어간다

모두의 숨소리가 낮아지는 저녁
하얀 베개에는 아직 못다 한 말들이 맺히고 있다

드레싱

선선한 가을 날씨가 찾아온 어느 날 아침
병실의 마지막 드레싱이 끝나고
할아버지의 기침 소리도 더는 들리지 않았다

수십 년의 상처를 덮어온 얇은 막을
나는 조심스레 벗겨냈다

죽음을 지키는 것은 언제나 의사의 몫

이 일이
익숙해질까?

다른 환자들이 흘러들어 올 이 바다 같은 병실을
오늘도 나는 지키고 있다
드레싱이라는 한때의 일상처럼

제2부

해부 1

 나에게는 오래전, 죽은 자의 심장을 꺼낸 기억이 있다. 새로운 것에 대한 발견은 애초부터 우리가 원했던 바가 아니었으므로 그 심장 또한 새것이 아니었음이 분명하다. 돌이켜보니 거무튀튀한 외연, 체구에 비해 유난히도 작았던 크기를 제외하고는 특이한 점이 어디에도 없었다. 심장은 누군가의 기억도 추억도 울음도 울림도 아니었다. 무엇도 될 수 없는 감정의 끈이 셀 수도 없어 큰 줄기에 자잘한 분지까지 심장으로 향하는 길은 다른 생의 누설일 뿐이었다. 더 이상 흐르지 않을 혈류에 숨을 다하고 마는 운명, 안식조차 없는 유일한 육체는 심장뿐이다. 어느 시절부터 이어져 내려온 의식이었을 것이다. 우리는 날가로이 벼린 빛을 쥐고 어둠을 세로로 열었다. 이따금씩 새겨지는 봉합선이 죽음을 비는 생존자들의 원죄라고 믿으면서 우리는 이전의 행위로부터 거세게 반항해왔다. 반성이 없는 이기적인 팽창. 멀어질수록 더 빨리 멀어져 간다는 간격의 슬픈 법칙. 적출한 심장을 거두어 찬물로 씻어냈다. 이를테면 이 모든 소란은 바다 한가운데 뚝하고 떨어진 작은 모래알에 불과했다.

해부 2

늘 당당하게 문고리를 어루만져왔으나
지하실 문이 열릴 때마다
산목숨들이 죽어 나가는 걸
나는 막지 못했다

서로의 성별과 나이를 벗겨낸 그들은
텅 빈 상자 안에 스스로를 욱여넣고
어둠을 반주로
적막하게 울리는 연주를 준비했을 것이다

내 손이 주워온 이 칼은
사지가 잘려 나간 지휘봉이다
허공을 떼어내는 소매의 몸짓은
혈류가 누벼온 어제의 음계를 그대로 옮긴 것뿐이다

썩어가는 한 구 뼈마디에서
한데 모인 붉은 체온이 길어 올리는 물소리를 들었다
저마다 다른 높이에서 끄집어낸 음표들처럼

중심으로부터 조금씩 멀어져가는

연주를 끝내지 못한 육체들을 기다리느라 지친 나는
방문을 닫고 돌아와
한 구의 그림자 위에
눕는다

해부 3

언젠가 나는
수십 년째 다물어진 구멍 속을
빤히 들여다본 적이 있다
희번덕거리는 어둠의 주름마다 살결은 다사롭구나!
무모하게도 나의 이 위태로운 탄식은
빠르게 박동하는 누군가의 울음소리까지 닿고 말았다
조금씩 멍 지는 죽은 여인의 맨살은
허공을 소각하며
습기의 적막마저 덜어냈기 때문이었을까
늘 온전히 회복되는 생채기처럼, 남루한 편이다
입구에서부터 멀리까지 어느덧
지금으로부터 물러나 있는 저 세월까지
오랫동안 늘어져 있는 그녀의 구멍은
원기둥의 곡면처럼 부드럽기만 하다
80년 굴곡의 앞면과 뒷면은 그렇게 교차되고 있다
오늘의 난관을 딛고 젊은 여인이 태어나는
이 건조하고도 애달픈 구멍을 결코
나는 슬프다고 말한 적이 없다

해부 4

물소리에 발자국 남지 않지만
군데군데 검은 개흙이 웅얼거리고
다물어지지 않은 할머니의 입가에 살고 있는 바다가
돌서덜 같은 귓가로 걸어 나와 물장구치고 있다
멈추지 못했던 생업의 이유와
얼굴을 마주한 적 없지만 나는
장터에 들르지 못한 채 바람이 되어버린 그녀를 통해
궤도를 떠나지 않아 안전한
어머니를 떠올릴 뿐이다
누군가의 풍경이 이름이 파도 아래 쉽게 헤쳐지는 것처럼
아무리 귀를 기울여 보아도 돌아오지 않는 대답이
그녀에게 있어
나의 기억 속 마지막 생의 모습은 늘 바다와 닮아 있다

해부 5

속절없이 말라버린 육체를 겪어본 사람만 알 것이다
또 다른 거리에 젖은 소리들 그 높이를 안아주지 못한 채
지독하게 울부짖고 있는 이 문, 너머 귓바퀴

깨물어대는 어둠이란 나만을 위한 외출이지만
나는 머무르는 것에 대해 고민해왔고
하루하루 번듯한 옷을 찾아왔다
자신의 냄새를 잃고 가끔 집도 잊은 사람들
헐벗은 채 지금 이곳에 뿌려져, 있다

사실 내 곁에 꽃향기 나는 칼이 있다
해외 여행지에서 얻은 텅 빈 금속이라지만
오래전부터 파묻힌 육체들은 타인에게 깊어 편안하다
좀 더 솔직히 내 안의 장기를 꺼내고 싶을 뿐
추운 계절만큼 따뜻해지는 체온이 아프도록
보고 싶다

시들어가는 꽃잎들의 생이란 생략되어지는 공통점과 마주

하는 것
　시기하지 않고 피는 목소리들은 엉겨 붙고 체취를 탐닉했지
　허기져서 끓어오르던 너는 예쁘고
　너는 사랑스럽다

　어린 물무늬는 푹신하지만 금방 식어버리는 땀처럼 춥다
　어디로도 되돌릴 수 없는 삶은
　내 나이만큼 피어나는 실수를 지울 것이다

　이 순간을 기억하고 있는 자들의 가라앉지 않은 체위,
　잠잠해진 방 안의 습기는 달빛이 에보하는 내세외 공기로 퍼졌다
　바스락, 밖으로 멀어져가는 저 잠의 달콤함을 누군가 맡은 것일까
　오늘 나는 이 문을 닫고 싶지 않다

해부 6

이름 모를 갈잎들이 노래하듯 매달려 있다.

무릇 날갯짓이란 겨울바람에 밀려 나가는 생리이지만 휘어지는 칼날에 벗겨지는 줄기, 잎맥마다 다양한 표정들 겹겹이 웅크려 있다.

삶을 감당해온 이들이 서로를 만지며 변화를 모색 중이지만 가령 억지로 밀어 넣은 어떤 몸 안에는 내장에서 피어오르는 온기처럼 웅얼거리는 불만 섞인 사연들이 많은 법이다.

굴곡의 내력이 적막한 고목의 숨길을 들어 올리듯 푸르게 녹슨 실밥을 따라 대칭으로 쪼개진 얼굴은 다소 굳은 표정만 간직하고 있으므로 감정에서 감정으로 기억을 추출할 방법은 없는 것이다.

실가지 알줄기 실뿌리…….

우리가 청결하고도 차갑게 칼을 닦아낼수록 기능을 지닌

자들은 계절에 파묻힌 채 어제의 냄새를 잃어버린다는 것을 철저하게 한 일생에서 누락되지 않은 장기들을 보면 알 수 있을 뿐이다.

해부 7

텅 빈 가죽 속을 훑고 있다

한 장씩 한 장씩 밖으로 넘겨지는 연기가 허공을 물어뜯고 있다

어둠에서 소스라치게 깨어나던 그를 나는 만난 적이 없다

주머니처럼 펼쳐지는 옆구리에 오른손을 구겨 넣은 사내

쉰 살 노동자라 자신을 밝힌 바 없지만

평생 한 자세로 살아온 그 손가락은 더 이상 독립된 덩이가 아니다

누더기 같은 살점

닳은 손톱

뼈의 저문 흔적

먼 길 앓은 기름때

곰삭은 손가락 벗은 이방인의 표정마저 돌아오고 있다

한 땀 한 땀, 주위를 돌아보면서

오른손이 당신의 기울어진 젖가슴을 더듬고 있음을

이제 청해보는

엇갈린 박수로 받아들이고

어디에선가 마주쳤을 그의 질긴 피부를 나는 꿰매주었다

다음 생을 향한 그림자

굶주릴수록 가죽은 영글지만 값이 떨어진다는 상식

시선을 거두지 못한 채 안으로 연명해온 담뱃불 꺼져 사위어갔다

해부 8

　삼으로 짠 천을 준비해야 한다
　삐져나온 눈썹 한 올 베풀지 않을 재질은
　비록 엄격하지만, 얼기설기 드나든 이승과 많이 닮아 있고
　간직해온 단백과 수분을 꺼내고 다지기에 알맞기 때문이다
　간수 농도에 따라 두부의 단단함에 큰 차이가 나듯
　엉긴 침전물의 기억들에게도 깊고 얕은 사연들 제각각 있어
　번듯하게 한 모 헐어내는 일은 아슬아슬하기만 하다
　나란히 누운 이곳 사람들의 오와 열에도 분명 비슷한 과정은 존재할 것이다
　딱딱하게 식어가며 뚫린 구멍들의 공통된 위태로움
　모락모락 두부의 입김처럼
　차갑게 멸균된 침묵 위로 거즈는 치밀어 오르고 있다
　섞이지 못한 채 여과되어버린 사인(死因)들만
　저승의 삼투압을 못내 원망하고 있다

해부 9

깨어나자마자 다시 잠을 청하는 시각이면
어김없이 체취가 흘러나오듯
누구에게나 부패하지 않을 바람 한 곡쯤은 있다

작별 인사조차 나누지 못했던 인연 때문에
어떤 유난함일지언정
지난밤은 고르고
낮은 두근거림마저 따뜻했다는 것을 안다

보드랍게 잘 마른 옷 벗은 뒤에야
흐느저거리는 장송곡의 말미
오래된 수화기처럼 야윈 뼈마디 송송 뚫린 구멍에는
기력을 다한 부음이 둥지를 틀었다

입관식이 다시 열릴 때까지는
누울 자세를 가다듬는 그 그림자로 인해
이 자리 위로 종일 어둠이 내려도
차가울 것이다

해부 10

  방 안 메말라가는 문고리
  시계 반대 방향으로 기우는 고갯짓에 외래의 풍경을 구겨 넣는다
  여느 일대기처럼 후줄근한 기억의 절편만이 이 열쇠 구멍을 가른다

  늘 비껴가는 불운이 있듯 허공이라면 얼마든지 메울 수 있다
  벗어나지 못할 속 때의 습기 엄습한 곳
  녹슨 철제만 남긴 채
  더는 체열이 느껴지지 않는다

  바깥세상이 솔솔 풍겨오는 그 틈새로 나는 코를 가져다 댄다
  입맛을 다시는 듯 부르르 떨고 있는 손잡이
  적막만큼 어둡지 않지만 오래 슬피 운 숨결이다

  가본 적 없는 풍경과 맞닿은 문 밖 고리마저 진단하고 싶다
  같은 몸임에도 체온이 다른

우연히 조금 다른 처지가 한 덩이
가슴께, 매달려 있다

응급실 1

잎사귀들이 비 되어 내리는 계절이다
떠도는 악몽을 흥건히 축이고 예정된 방송을 기다리는 시각
응급실에는 고개 숙여왔던 한숨들을 떠올리며
가까워지는 사이렌에 귀 기울이는 사람들이 있다
휘파람처럼 들리는 알림 소리에
우리는 한 올의 주파수 되어 튕겨 나갈 준비를 한다
옥상에서 스스로 몸을 던진 젊은 여성이 빗물을 몰고 들어왔다
그녀로부터 어떠한 대답도 돌아올 수 없음을 잘 알지만
들리지 않는 라디오를 켜두는 습관을 우리는 잊지 않았다
누군가에게서 멀어지기 위해
이 소리는 점점 작아지는 것일까
연고 없는 사연처럼
철저히 외면된
청취 메시지를 오늘도 써본다

응급실 2

 밤마다 파도를 노린다 한참 이는 절규를 통째로 들어내는 바람 맞으며 사람을 일어설 수도 없게 짓누르는 고독을 잰다 전염처럼 쓸고 지나가는 폭풍 아래서 해변 모래의 도둑 발자국을 찾는 것이란 힘겨운 일이다 모든 발열이 홍역과 같이 흔적을 남기지는 않으므로 잘 개어진 수면 위로 귀를 기울인다 오늘은 그곳에서 한 사내가 훔쳤던 물건을 찾았다 그의 어머니는 그것을 아들이 즐겨 부르던 노래라고 말했다 소리는 불볕더위를 몰고 와 오늘의 바닷물을 더 파랗게 만들었다 한쪽으로 부르르 떨리는 사내의 팔이 잠풀처럼 떠오른다 나는 그것을 대수롭지 않게 여긴 채 젖은 종이를 꺼내 가사를 베껴 적었다 흰물 지난 유행기와 함께 잊힐 그의 병명도, 헤기 뜨면 다시 불거질 바닷물도 사내라는 이름만큼 차갑겠다 어머니의 날카로운 오열이 응급실로 퍼지면 나는 다른 바다로 아니 수온만 조금 다른 바다를 향해 빨려들어 갈 것이다 어느 사내가 훔친 물건을 찾기 위한 이 습관을 반복하게 될 것이다

응급실 3

시장 뒷골목에 까치 한 마리
잘려버린 외발로 서,
취객의 토악질을 기다리고 있다
텅 빈 늑골이 짖어대는 기침 소리
잔돈처럼 토사물 쏟아져 어둠을 채운다

상복보다 희멀건 비닐봉지에
쓰레기를 모아 만든 보금자리
눈을 뜨지 못하는 새끼들
어미는 고름을 짜듯 음식물 흘린다

한 여인이 울고 있다
어머니의 부푼 젖가슴처럼 아이는 끓어오르고
약을 토해낸다
창밖에는 장맛비 굵어지고 새 떼 흩어진다

의사들이 하얀 천을 장막처럼 드리운다
까치 새끼의 살에 젖은 진흙 바닥

밤새 뭉친 시커먼 날갯죽지 겹겹마다
어미의 해진 젖이 허공을 향해 늘어지고 있다

응급실 4

가볍게 취해 있는 그의 말에 잠겨
가난한 코의 그가 숨 막히게 성근 수렁이고
어쩌면 그의 귀가, 연고 없이 파닥거리다 바닥에 떨어진 잎사귀와 같아도
위독함 없이 스러지다 피는 자리
나 스스로 빼앗은 자리, 이곳에
점칠 수 없이 축축한 머뭇거림이 즐비해 있다

진자리처럼 자욱한 안개의 잿빛 아래
스산하게 젖어드는 처마 아래 그는
고드름을 애써 부러뜨리려는 사람들이 많아 슬프다고 말했다
가보지 않은 길이 소란스럽지만은 않은 것처럼
찬란하지 않은 길 걷는다는 것이 아픈 바람 아니므로
우리 둘만이 아는 발자국
누군가 잊어줘야만 할 그 상처에는, 마치 꾸며낸 증상처럼
잡풀들이 은밀하게 바동거리고 있다
마당가에 썩은 나무 밑동 가리켜 몇 번이나

먼 세월 작별 노래로 삼으리라는
이해할 수 없는 그의 말처럼 그는 며칠을 더 앓았다

얼마 뒤에 누군가
나의 더러운 가운을 좋아하던 그에 관해 물었을 때
나는 목 놓아 울 수도 없이 지쳐
겸손해졌다

응급실 5

마스크를 쓰고 있지 않은 60대 남성이 날 찾아왔다
그를 제외한 우리는 모두 마스크를 쓰는 공간
그런 상식이 통하는 세월, 세상
내가 마스크의 면 안으로 숨어 들어가 호흡을 욱여넣자
쩌렁쩌렁 그가 고개를 든다
채찍을 맞은 말귀들이 흰 가운에 달라붙는다
바이러스보다 날렵한 말의 다리

젊은 의사 양반 뭐라고 좀 해봐유
한숨을 아무리 내쉬어도
노래를 크게 불러제껴도
가래처럼 박혀 있는 이 답답함은 사라지질 않네유
평생 나는 혼자였는데
마스크를 쓰면 다시 외면을 당하는 것 아닐까 불안해유

나는 정해져 있는 진단명을 차트에 받아 적고
숨쉬기처럼, 같은 처방만 반복했다

올해는 아무 일도 하지 않았는데
봄꽃들이 지고 있다

응급실 6

점점 건조해지고 있다는 사막
습지에는 더욱 비가 내리고 있다는 이상 기후 뉴스
저녁 식사 마치고 창밖을 내다볼 무렵 누군가는
지친 표정으로 보일러를 켰을 것이다
여전히 나는 흐린 날씨이다
종종 흐렸기 때문에 알맞을지도 모르는 나의 업
오늘 당신은 폭풍우를 뚫고 나를 찾아왔다고 했다
집이 없다는 당신의 말이 끝도 없이 차오르는 파도처럼 들린다
이 밤에 물의 뿌리부터 가늠해보는 것이 얼마나 허무한 것인지
당신은 아는지 모르는지
그래도 나는 생사를 알 수 없이 수척해진 물때를 벗겨내야 한다
우리가 속한 날씨 때문에 침대가 밀물처럼 삐걱거리고 있지만
점멸하듯 지워지고 마는 해안선
당신도 나도 야행성이니까 이 바다에서 반듯하게 눕자

그림자 생기지 않을 만큼 화려한 곳이라면
일상은 언제나 비루하고 추한 법
짧은 체류가 끝나면 모두가 반성의 시간을 가지고
나는 언제나 그랬듯 태양을 띄우고, 절벽을 향해 기어오른다
잠잠해진 당신만이 이곳에 남아서 멀어져가는 내 등을 바라보고 있다
외래종 씨앗 하나 심을 곳 없이 가득 차버린 바닷가에서
나는 자책하듯 물기를 닦는다

응급실 7

버려진 화분 보인다
연고 없는 새싹들 자라나 가파르게 기울어져 있다
제가 피울 꽃의 정체 알 길 없어
간지러운 듯 빈틈 찾아
줄기들이 구석구석 얽혀 있다

이 사내는 자신이 신이라 믿는 사람이다
물과 햇빛 없이 걸어놓은 화폭 한 점처럼
망상은 그에게 달라붙어 살고 있는지
예고 없이 불어온 바람에
허리가 조금은 구부정해 보이던 사내가 비척거린다

군식구 없을 리 없다
먼저 온 새순을 뿌리째 갉아먹고 자라나는 독버섯
둥치에 파묻혀 바람을 기다리네
찰랑거리는 소리를 꿰차고 이방의 육체에 살 차오르면
순들은 메말라 죽을 것이다

사내는 올해 더 가난해졌지만
작년에도 비천했다는 기억이 화분의 틈새 엿보는 포자만큼 가볍다
그는 오늘을 살고 있지 않기 때문에 괜찮다고 말하며
협소한 화분 속에서 살다 간 알 수 없는 이들처럼
선량하게 웃고 있었다

응급실 8

   어렸을 때, 우리 동네에 베테랑 미용사 있었다. 나 역시 어머니 손에 이끌려 자주 곤욕을 치렀다. 매달이 성인식이었다. 짧아진 모습에도 어머니 성에 차지 않으면 돌아가 다시 이발해야 했으니 머리카락이 뚝뚝 떨어질 때마다 쏙쏙 빠지는 눈물을 견뎌내야 했다. 남자아이의 머리 길이는 어째서 짧아야 하냐는 당위성에 대한 질문보다, 나는 왜 그렇게 머리 깎기 싫어했는지 의문이 든다. 의례가 끝나면 아저씨의 맨손은 나를 한번 훑고 지나갔다. 우리 환자들 앞에 두고, 보호자들이 내게 어김없이 하는 질문이 있다. 규칙적으로 진동하던 이발기 소리가 그들의 절박한 말처럼 들린다. 쉼 없이 머리를 자르던 남자 미용사의 뒷모습이 떠오른다. 아이들의 두피를 관리해주던 그는 묵묵한 정원사였다. 아마 나도 무성했던 것 아닐까, 잡초처럼.

응급실 9

 날이 풀렸다는 당신의 말에 밖을 내다보는 시늉만 했다. 당신은 날씨가 모여 기후가 된다고 했지만, 날씨도 날씨 나름이고 기후도 기후 나름이라던 어떤 선생님의 말씀이 마침 떠올랐기 때문이다. 구름이 병원 천장쯤 지나고 있으니 곧 비가 내릴 것 같다는 당신의 목소리가 왠지 가볍게만 느껴진다. 종종거리던 습기 찬 발로 당신은 한번 높게 점프하고 싶었던 것 같다. 단지 누구도 신경 쓰지 않는 것이 당신의 습관이니까 바닥은 움푹움푹 파이는 진흙투성이였고, 내 구두에도 제법 먼지는 묻어 있으니 우리는 모두 같은 처지일 뿐이다. 당신으로 비롯된 날씨처럼, 자라고 자라다 어느 순간 죽어버린 어제의 충동성은 과연 어디로 갔을지 이 모든 사건이 터지기 전 물어봤어야 했는데 그러지 못한 나만 자책이다. 창밖에는 계절과 상관없는 소나무 한 그루 우두커니 서 있다.

응급실 10

바들바들 떨리는 것이 그의 두 손만은 아니다. 외롭고 지쳤다는 60대 남성의 일상에 술이 풍긴다. 안테나가 없어진 집, 다이얼이 사라진 핸드폰, 종이가 아닌 책, 취소된 축제, 시들어진 종교가 불만이었다. 올해 농사가 끝났지만, 주식과 비트코인 부동산이 한창이라고 했다. 무얼 먹은들 무슨 상관이냐는 그의 토로에, 모두가 해야 하는 마스크의 역할이 서로의 입 냄새도 막아주고 있다는 뉴스가 떠올랐다. 조개를 넣어 끓인 된장찌개와 모락모락 김이 올라오는 흰밥이 있던 어머니가 보고 싶다는 눈물 앞에 우리의 할 일은 무엇인가. 그의 입 모양을 볼 수 없던 나는 허리를 굽혀본다. 아직 마스크의 기술이 듬성듬성해서 코를 막기에는 역부족이었을까. 궁리 속에서 잔잔히 열리는 오솔길로 나는 걸어 들어가려 한다.

제3부

어느 집착

방 안의 불 꺼져야 비로소 드러나는
밤의 얼굴과 나는 종종 마주한다
적막을 위한 나의 개인적인 취향이 아니듯
가로등이 없는 창밖의 안타까운 사정도 있다

스스로 등대를 자처하는 것만큼 어리석은 일은 없다
탁월한 보호색임이 분명하다
어둠이야말로
방 안을 어둡게 만들려는 타성(惰性),
형광등으로 환히 밝혀야 비로소
잠들 수 있는 나의 모순

탑정호에 묻다

당신은 알지 못하겠지만
나의 소매 한 축이 어제보다 닳아 있는 것은
거세게 흐르는 그림자 그 외연의 물살 때문이다
파랑(波浪)의 향방이란 능히 수평이어서
다른 생이 차곡차곡 개어놓은 언약이기도 하다

누군가는 바다라고 불렀을 이 자리
허연 관절마다 꺾어놓은 물소리 시들 때
가장자리 능선에는 피지 못한 나의 주검들이
머물러 있다

탑정호에도 섬은 있다
붉게 타오르는 녹을 쬐느라 구부러진 철제 대문
그런 속죄의 마음으로 며칠이나 두 손 모았을

바다로 향하는 사람이 있다
가녀린 낚싯대의 말미에 뿌연 연기만 자욱하다
장맛비가 파도의 사연을 달래고 있다지만

수직으로서는 결코 다가설 수 없는 바다가 움푹 파고들고 있다

오래된 물가에서는 어김없이 빗나간다
기울어진 한쪽 팔이 주워온
헝클어진 흰 옷 한 벌과 구멍 난 구두 한 켤레

잠시 눈을 붙여도 바닷물고기 차오르지 않으니
결국 나는 이 문턱을 넘어서지 못할 것이다
아무려면 나에게는 모든 자격이
부족함이다

무산(霧散)

　어찌하여 저의 눈에는 오늘
　제가 입은 옷이 이리도 하얗게 보이는지 모르겠습니다
　가녀린 자태에 젖어 청초했던 과거의 춤사위도
　여태 제 안을 채워온 수증기의 은은함도
　알고 보면 모두 속 깊은 그대의 손길과 같은 것이어서
　가져보는 바람에 잠시나마 솟아난 가슴을 어쩌지 못하고 어루만집니다
　호사스러운 비단으로 지은 원삼 위에 하얀 꽃잎들이 잦아듭니다
　반듯하게 다려진 채 깃의 안감은 든든하고
　고대와 동정은 가벼운 결에도 휘날리니 다정한 편입니다
　출렁이던 고름은 이제야 조금씩 평정을 찾아간다지만
　겉섶에 드리운 어느 새의 문양은 쪼개져 날개가 꺾이고야 말았습니다
　치마의 말미에 빚은 단이 흘러가는 곳마다 안개가 피어난다는 걸
　물결에 떠다니는 제 얼굴을 보고서야 비로소 알게 되었는데

그 모습이 얼마나 어여쁘던지

저수지에 새 떼에 달에 풍경이 배어난 불면(不眠) 한때에

오랜 세월 부지하며 희미해질

명경의 폭이야 지금보다 훨씬 넓어야 하겠지만

요원하여 채 보이지도 않는 수심이니

끝내 돌아갈 도리가 없는 머무름이야말로 오직 저의 바람입니다

배 한 척이 들어오길 바란다 하셨지요

이 안개 걷히길 기다린다 하셨지요

금새

공주 갑사 가는 길
계룡산 기슭에서 나는
대성암 뒤뜰 나뭇가지에 금새가 출몰했다는 소식을 풍문으로 들었다

금이라는 것은 참으로 오랫동안
육체와 정신을 옭아매는 힘을 지켜왔나 보다
발이 묶인 나도 하산하지 못한 채 그 주위를 서성거렸다

남의 말은 듣고 싶지 않지만
나의 귀는 늘 내 세상 반대편을 향하고 있어
나의 발도 그 길을 따라나서기 십상이다

누구는 금새 한 마리 잡아서 신세 폈다고 하고
누구는 벼랑에서 금새를 쫓다 발을 헛디디는 바람에 유명을 달리했다네
녀석이 섣불리 날지 못하는 이유는 육중함 때문이기도 하겠지만

깃 속 깊숙이 숨겨놓은 금장을 들키지 않기 위해서라네
그러니 금새의 사냥을 위해서는
나는 새들의 날개를 면밀히 관찰해야겠다

문제는 금새가 어떻게 생겼는지
알려주는 사람이 없다는 것이다
새의 종류조차 다양하고
자유자재로 변신을 한다는 소문도 있으며
하물며 실존이 불분명하다는 설도 있다

공주 감사 가는 길
계룡산 기슭에서 나는
스스로 금새가 되어가는 인파를 목도하고야 말았다

장미는 세다

 화살은 사람이다. 어제로부터 오늘을 향해 날아와 느려질 수도 빨라질 수도 있지만 때로는 멈춰서 있다. 주변인들의 순간 속에 살아가는 이들이 있다. 그와의 기억들이 지속한다는 느낌이 들지 않을지도 모른다. 시계가 멈췄기에 그의 존재는 잊힐 것이라고 섣불리 믿는 자들이 많기 때문이다. 시간의 흐름을 느낄 수 있다면 사람들은 그가 깨어있음을 안다. 그때 장미가 피어난다. 움직이지 않을 때 혹은 머물러 있을 때 한 편의 편지나 한 통의 전화통화를 나누는 경험조차 나누지 못한다면 그는 여전히 자는 사람처럼 보일 수 있다. 하지만, 오래도록 깨지 않는다면 의식과 무의식의 전선에서 힘차게 싸우고 있다고 여긴다. 의식을 덮고 있는 혼탁은 시간이 정지된 사람의 가족들에게 짙은 그늘을 내린다. 장미 한 송이 피는 내면의 작은 희망조차 허락하지 않으니.

시집

　서서히 자라나 어느새 내 기지개를 뛰어넘은 담벼락 아래 타오르는 촛불처럼 바람에 흔들리는 물살이 있습니다 막다른 골목길을 집 앞마당까지 끌어당겨 놓은 아침 피어나길 고대해온 풀잎 한 손과 만났습니다 해초와 닮은 이 푸른 냄새는 파도를 부르니 멀리서도 우리 집이 잘 보일 거라던 당신의 겹겹이 젖은 걸음걸이는 바다와 제법 잘 어울리는 물무늬입니다 쓸려 나가고 밀려 들어오는 일과대로 물로 와서 물로 가는 발자국 노래 부르며 시를 읽는 식객 당신의 보금자리를 여기 마련했습니다

정원사

건넛마을 최 씨 할머니
매달 보건소를 찾아와 왼쪽 팔 건네시면
나는 당신 꽃밭의 안부부터 여쭙기 시작한다

언제부터
얼마나 오랫동안
어떤 색의 꽃들이
그곳에서 피고 졌는지

십수 년째 가꿔온 주름 몇 갈래
서리가 밟고 지나가 수척해진 살결에는
생사를 알 길 없는 꽃 이파리들 제법 벗겨져 있어
나의 흰 옷에도 그 서늘한 냄새가 밸 것 같다

  가만 보니 비에 젖어 얼룩덜룩해진 할머니의 외투는 드넓은 하늘이다
  칠흑을 집어삼킨 천막 아래, 꽃을 은닉해온 이끼가 늘 그렇듯 남루하나

돌 틈에 돋아나는 불꽃을 누군가는 유심히 살펴야 하는 법
나는 고개를 숙이기 위해 할머니의 자세를 배워야만 한다

잊을 만하면 날아드는 바람 탓에 얽히고설켜 두터워진 정원의 울타리
잡초로 우거진 문 틈새를 타고 흘러내리는 붉은 떨림
그건 단순히 한쪽 팔의 가팔라진 경사 때문이 아닌
더 이상 소란스럽지도 않은 일상

최 씨 할머니의 혈압약 색깔이 정해지는 오늘
나는 저 꽃밭에 첫발을 내딛는다

위태(僞胎)

발길 재촉하여 겨울 산 오르는 꿈을 자주 꾼다지만
오래전 저곳에 두고 온 누군가의 얼굴은 도무지 떠오르지 않는구나
내 안의 숨결이 부풀 때마다
달콤하고도 고소한 냄새가 흘러나오니
틀림없는 맏아들의 목소리
산에서 강에서 사막에서 걸어 나오는 네 늠름한
어머니 내 여성을 물고 핥고 당기는 저 증거들을
보고 있느냐 집으로 돌아오지 못하는 나의 아들아
벌써 수년째 내가 기다리고 있지 않느냐
컴컴한 굴 속 험준한 골짜기 고약하게 퍼지는 향나무 숲을 헤쳐서라도
얼마나 더 많은 불안에 취하고
차가운 방황을 겪어야
우리 만나 고향을 그리며
밤길의 심취를 헤아릴 수 있겠느냐
신열을 앓으면서 하루하루 성장할
네 몸에 맞을 옷 짓고 있는 이 어미의 심정 말이다

저 산처럼 요동치는 나의 그림자 지나갈 무렵
뱃속에서 네가 흩어지는 만큼 겨울이 왔다 가는 줄은 아느냐
네가 그리워 우는 버릇을 버릴 날
언제쯤 올까

연가

대기의 테두리마다 당신의 계절을 묻히고 싶습니다
선명한 붓기와 약간의 온기
새겨놓았던 굴곡에 한가득
떨고 있을지 모르는 위안
부는 바람을 써놓고 바라던 글귀를 대신할까요
서늘한 그늘 아래 한 소절 여백이 되고
푸석푸석 밟히는 활자의 구석이 되어도
내 안에 고인 물기의 낯섦을 긷겠습니다
모두들 그렇게 미끄러지려는 본능에 충실하지만
흘려보내며 작아지는 바람만큼
서러운 시제(時制)는 세상에 없습니다
나는 계절을 혼동하지 않았고
여전히 오전 8시입니다

다시(茶詩)

비바람이 쏟아지기 전 잠시 눈을 감는 버릇이 생겼다
찻잎들이 밤하늘 별처럼 쌓이고
흩어진 차향을 고원의 안개로 덮은 이 피난처에
우린 아프도록 걸쳐져 있다
흰 천을 끌어당겨 푸른색을 기다린다
성급한 채엽에 걱정인 나이지만
젊은이가 유품처럼 내놓은 잎사귀에 시름은 이내 사라진다
벗어놓은 외투 위로 증제(蒸製)된 연기가 고개를 들이민다
어떤 속을 채워보지도 못한 채 마중 나온 그 웅얼거림이 미안해서
　매서운 바닷바람 속 말들을 밀어 넣기에 ~~급급~~한 니
　무릇 덖음이란 네 발효를 막으려는 방편이며
　양손에 쥐고 비비는 것을 변색을 막는 유넘(揉捻)이라 함인데
　숙우가 붉어지기 무섭게 빗소리가 들리기 시작한다
　어린잎은 속이 깊은지 아무런 말이 없다
　잠든 찻잔이 뒤척일 때까지
　고개를 돌려서 나는 차를 꼭꼭 씹을 생각이다

흔한 기침약

오래된 감기
모순된 병명

며느리를 피할 수 있는 이씨 할머니의 좋은 핑계
병원을 오가며 아들과 걷는 길에 미소 방긋

할머니의 한숨이 메아리인 것처럼
병이 아닌
병을 위한 처방

탯줄

전화벨
배꼽이 울린다
어머니 목소리

허리통증, 관절염
당신의 일부가 당신을 공격하는 병

온몸의 가시를 곤두세우는 아들
세상의 투정은 거르고 걸러 탯줄로 향한다

떼이내지 못하는
유일한 통로

실조(失調)

돌아가신 어머니의 목소리가 들리기 시작하더니
행복해졌다는 그녀
가족들 죄다 떠나간 집에 혼잣말 남았다
벽을 타고 다니며 반짝이는 어머니
보일러 끄고 잠자리를 펴 누웠다
커튼 치고 창문을 걸어 잠갔다
꺼진 불씨 되살리려는 듯 바닥에 웅크리고
촘촘한 거미줄 너머에서 숨죽이고 있다

어떻게 알고 찾아왔어요?

궁금함이 더는 오고 가지 않으니 거의 끝났다고 생각했다
전화벨 소리 멀리 지나가다 주저앉는다

계세요?

문을 두드리는 소리가 싫어서 모른 체하고 싶었다
병원 창밖 정원에는 새 한 마리 앉아 햇볕을 쬐고 있다

치료가 끝났다는 의사의 말 때문에
어머니의 목소리 날아갔다

다시 혼자가 되어 초인종 누른다

코르사코프 증후군[*]

중년 남성 L
기억 속 불안이나 불안 속 기억이 조작된 것이 아닐까 가끔 생각한다
기억에 대한 기억만큼은 진실이기를 빌었을 것이다
불안을 이기려 할 때마다
그는 복도로 뛰어나간다
나태해지는 법 없이
여러 위험과의 연관성을 찾으려 현실에 몰두한다
대상이 없는 불분명함의 얼굴을 만나고 싶었을 것이다
그 뿌리를 찾겠다는 말 한마디가 그의 유일한 재산이다
간접적으로 충족되어야만 하는 아픈 본능이야말로
기나긴 여정을 위한 유일한 동력이 될 예정이지만
어딘가 아프다는 핑계들이 되살아난다
나의 여러 처방을 끝까지 사절했던 그는
발에 좋다며 병원 계단을 맨발로 오르고 있다

---

[*]코르사코프 증후군: 기억을 상실하고 새로운 정보를 기억하지 못하는 상태.

침습(侵襲)

  반짝거리는 천장은 바이러스 때문이다 사람을 만나지 않는 사람은 바이러스 때문이다 갑자기 우는 고양이는 바이러스 때문이다 멀어질수록 더 빨리 멀어지는 거리는 바이러스 때문이다 성장통을 겪는 몸짓은 바이러스 때문이다 계급은 바이러스 때문이다 쉽게 흔들리는 식탁은 바이러스 때문이다 앙칼진 눈 마주침은 바이러스 때문이다 파티는 바이러스 때문이다 잘 안 되는 연락은 바이러스 때문이다 바람에 터지는 석류는 바이러스 때문이다 그늘에서 소가 쓰러지는 건 바이러스 때문이다 방을 나오지 못하게 채워진 빗장은 바이러스 때문이다 아래로 쏠리는 먼지는 바이러스 때문이다 여름에도 덮는 이불은 바이러스 때문이다 빛에 가득 낀 긱질은 바이러스 때문이다 천성이 죄인이란 바이러스 때문이다

월유(月幽)

케케묵은 이들은 쉽게 잊히지 않는다
하얗게 세는 노인처럼
열려 있는 병실 창문
달빛은 방에서 가장 냄새나는 부위를 파고든다
여기가 어디인지 알지 못하는 환자는 이제야 허리를 편다
뼈마디 소리에 뚝뚝 부러져 버리는 수면
자신의 얼굴이 비치는 거울마저 두려운 이유는 무엇인가
쨍그랑 소리에 퍼져가는 조각은 이미 바깥세상
절반은 흩어진 그것을 다시 꺼내 본다
여기 이 할아버지에게는 어디쯤이었을까
기름때 진한 작업복을 입고 아들의 학교 가는 길에서
마침 오늘은 소풍날이었다
아버지와는 등을 지고
어둠을 향해 달려 나가는 아들
 불쑥불쑥 무대에 오르는 퇴역 배우처럼 그는 손을 허공에 휘젓는다
 얇은 눈꺼풀 내려와 불현듯 조용해진다

아니마

나이가 들더니 아버지는 종종 눈물을 보인다
어머니 뒷모습을 닮아가는 아버지 그림자를 보고 알았다
축 늘어진 그곳에 한쪽 발을 가져다 대는 아들
미리 소리를 질러대는 그림자의 버릇에
온 가족이 멀어진다
계속 젊어진다
그 장면을 떠올려보면 어스름이 찾아와 밥을 지어야 할 것 같다
시간을 잊고 바깥을 쏘다니는 아들
하얀색 천을 높이 흔들고 있는 어머니 덕에
방향을 잡고 다시 집으로 향한다
대문 앞에서 그림자의 수를 헤아려본다
아들이 문고리를 잡자 시커먼 폭우가 내린다
주문을 외우듯 숫자를 센다
모서리가 닳아버린 낡은 우산 하나 나타났다
어떤 색깔이었는지 기억이 나지는 않는다

사과

살을 푹 파낸 사과가 병실 침대에 누워 있다
눈물처럼 흘러나오던 과즙이 이제는 멎은 걸까
상처로 갈변하는 환자의 일상
창틀로는 나비 한 마리가 힘껏 기어오르는 중이다
사과의 속살을 노리고 있을까
허기를 채우고서 떠나겠지
굳어버린 팔 애써 벌려 환자 미소 보내자
촉촉하게 오므라지는
날개 펄럭였다
포개어진 서로를 진찰하듯

해설

의사의 윤리와 시인의 윤리 사이에서

이정현(문학평론가)

> "밖에서 묻어온 그을음이 병실과 어울려
> 누렇게 익어가고
> 안으로 연명해온 말들은 한 방울씩 떨어지는 링거액 따라
> 천천히 식어간다"
> ―「말」부분

  인간은 모두 우연히 태어나 끊임없이 먹고 배설하다가 병들기나 늙이 죽는다. 사랑하고 질투하고 분노에 휩싸이다가 안도하는 일을 평생 되풀이한다. 인간은 복잡한 언어를 사용하고, 대부분 동물보다 긴 생애를 산다. 인간들은 서로 돕고 의지하면서도 그만큼 같은 종족을 차별하고 억압하는 존재이기도 하다. 그리고 어김없이 누구나 죄를 짓고 살아간다. 삶은, 심각한 농담과 가벼운 만담을 닮았다. 인간의 신체 구조는 비슷하지만, 삶은 모두 제각각이다. 인간의 유일한 공통점은, 생명이 꺼진 후 쉽게 썩어버리는 단백질 덩어리에 불과한 육신을

지녔다는 사실이다. 김호준 시인의 첫 시집 『너의 심장을 열어보고 싶은』에는 곧 썩어버릴 인간의 육체를 응시하는 자의 한탄과 연민이 담겨 있다. 김호준의 시집에는 인간의 죽음과 고통을 지켜보는 '의사의 시선'과 생명의 한계를 인식하는 '시인의 시선'이 불안하게 공존한다. 시적 주체는 날마다 "병동 침대 시트마다 겹겹이 묻어둔 얼굴들"을 바라보면서 병명으로 치환되지 않는 그들의 사연을 "기도문처럼 읽"(「참례」)는다. 시집의 1부에는 시적 주체가 환자를 마주하면서 겪었던 지치고 무력한 나날들이 기록되어 있다.

> 병동 침대 시트마다 겹겹이 묻어둔 얼굴들이 있다
> 가끔 나는 그 언저리에 쪼그리고 앉아 그들을 꺼내고
> 기도문처럼 읽는다
> 당신에게 가는 오늘이 점점 길어지겠지만
> 불운을 메우고 남겨진 모서리를 오래 어루만진다
> 바다보다 깊은 어항을 가져다 당신을 넣는다
> 시원한 저녁을 읊조리는 당신을 보며 스스로를 다독이듯 재촉한다
> 병동에는 가끔 먼 곳까지 갔다가 돌아오지 못한 자들이 있지만
> 나는 그들에게서 어둠과 어울리지 않는 계절에 대해 배우고

나이가 들어가는 시간과의 공통점을 찾는다

언젠가 이별한 친구들이 보일 때면

소박한 노래가 날아와 어항의 벽면을 따라

눈물처럼 움직인다

그렇게 매일 달라지는 얼굴들이 있고

나는 당신과 함께 바다로 떠날 준비를 하고 있다

―「참례」 전문

　의사는 질병을 분석하고 차트에 환자의 병명을 적는다. 그러나 의사의 차트에는 개별적인 주체가 삶에서 느끼는 구체적인 슬픔과 고통은 적히지 않는다. "어려운 글자들로 가득한" 차트 안에서 말들은 "제자리를 찾기 위해 발버둥"(「말」) 친다. '나'는 그 한계를 절감한다. '나'의 직업은 병든 인간을 치료하는 일이다. 그렇지만 환자의 환부 '너머'까지 미처 다가설 수 없다. 병든 인간을 진단하는 지식은 죽어버린 육신을 해부하면서 익힌 것이다. 2부에 수록된 '해부' 연작에는 '카데바(Cadaver, 해부용 신체)'를 해부하면서 느낀 감정이 적나라하게 담겨 있다. 태어나서 죽을 때까지 인간의 심장은 계속 뛴다. 심장의 활동은 생명의 상징과도 같다. 반면 움직임을 멈춘 채 해부의 대상으로 전락한 인간의 심장은 아무것도 아닌 사물에 불과하다. '나'는 죽은 자의 심장을 꺼낸 기억을 되새긴다.

나에게는 오래전, 죽은 자의 심장을 꺼낸 기억이 있다. 새로운 것에 대한 발견은 애초부터 우리가 원했던 바가 아니었으므로 그 심장 또한 새것이 아니었음이 분명하다. 돌이켜보니 거무튀튀한 외연, 체구에 비해 유난히도 작았던 크기를 제외하고는 특이한 점이 어디에도 없었다. 심장은 누군가의 기억도 추억도 울음도 울림도 아니었다. 무엇도 될 수 없는 감정의 끈이 셀 수도 없어 큰 줄기에 자잘한 분지까지 심장으로 향하는 길은 다른 생의 누설일 뿐이었다.

—「해부 1」 부분

죽은 자의 심장은 "누군가의 기억도 추억도 울음도 울림도"(「해부 1」) 아니다. 인체의 구조와 특성을 암기하고, 병명을 파악해도, "산목숨들이 죽어 나가는 것"을 "나는 막지 못"(「해부 2」)한다. 인간의 질병을 공부하면서 '나'가 느낀 것은, 질병에 관한 어떤 지식으로도 인간을 완전히 알 수 없다는 사실이다. '나'는 숱하게 "속절없이 말라버린 육체"(「해부 5」)와 "텅 빈 가죽 속"(「해부 7」)을 들여다보지만, 장기의 구조와 기능에 대한 지식으로는 한때 살아 있었던 자가 느꼈던 기쁨과 슬픔, 분노와 불안 등을 알지 못한다

텅 빈 가죽 속을 훑고 있다

한 장씩 한 장씩 밖으로 넘겨지는 연기가 허공을 물어뜯고 있다

어둠에서 소스라치게 깨어나던 그를 나는 만난 적이 없다

주머니처럼 펼쳐지는 옆구리에 오른손을 구겨 넣은 사내

쉰 살 노동자라 자신을 밝힌 바 없지만

평생 한 자세로 살아온 그 손가락은 더 이상 독립된 덩이가 아니다

누더기 같은 살점

닳은 손톱

뼈의 저문 흔적

먼 길 앓은 기름때

곰삭은 손가락 벗은 이방인의 표정마저 돌아오고 있다

한 땀 한 땀, 주위를 돌아보면서

오른손이 당신이 기울어진 젖가슴을 더듬고 있음을

이제 청해보는

엇갈린 박수로 받아들이고

어디에선가 마주쳤을 그의 질긴 피부를 나는 꿰매주었다

다음 생을 향한 그림자

굶주릴수록 가죽은 영글지만 값이 떨어진다는 상식

시선을 거두지 못한 채 안으로 연명해온 담뱃불 꺼져 사위어갔다

―「해부 7」 전문

  타인의 생을 알 수 없다는 자각은, 응급실에서도 이어진다. 삶과 죽음이 가쁘게 교차하는 응급실에서 '나'는 날마다 "고개 숙여왔던 한숨들"(「응급실 1」)과 "날카로운 오열"(「응급실 2」), "통나무처럼 굳어가는 육신"(「심폐소생」)들을 마주하면서 "정해져 있는 진단명을 차트에 받아 적고", "같은 처방만 반복"(「응급실 5」)한다. "환자들이 흘러들어 올 이 바다 같은 병실"을 지키면서 '나'는 말한다. "이 일이/익숙해질까?"(「드레싱」) 대개 의사들은 병명을 알면서도 환자의 죽음을 막지 못한 무력감을 견디기 위해서 점차 감정이 무뎌지는 과정을 겪는다. "청결하고 차갑게 칼을 닦아낼수록", "계절에 파묻힌 채 어제의 냄새를 잃어버"(「해부 6」)리게 된다. 반면 김호준의 시적 주체는 쉽게 무뎌지는 길을 택하지 않는다. '나'는 끊임없이 타인의 삶을 응시하면서 망각을 거부한다.

    진자리처럼 자욱한 안개의 잿빛 아래
    스산하게 젖어드는 처마 아래 그는
    고드름을 애써 부러뜨리려는 사람들이 많아 슬프다고 말했다
    가보지 않은 길이 소란스럽지만은 않은 것처럼
    찬란하지 않은 길 걷는다는 것이 아픈 바람 아니므로

우리 둘만이 아는 발자국

누군가 잊어줘야만 할 그 상처에는, 마치 꾸며낸 중상처럼

잡풀들이 은밀하게 바둥거리고 있다

마당가에 썩은 나무 밑동 가리켜 몇 번이나

먼 세월 작별 노래로 삼으리라는

이해할 수 없는 그의 말처럼 그는 며칠을 더 앓았다

얼마 뒤에 누군가

나의 더러운 가운을 좋아하던 그에 관해 물었을 때

나는 목 놓아 울 수도 없이 지쳐

겸손해졌다

―「응급실 4」 부분

  한자와 질병, 카데바와 응급실의 풍경을 묘사한 2부의 시와는 달리 3부에 수록된 시들은 병원 바깥을 응시한다. "바다로 향하는 사람"(「탑정호에 묻다」), "계룡산 기슭"(「금새」), 꽃의 안부를 묻는 건넛마을 할머니(「정원사」)의 풍경을 마주하면서 시적 주체는 "시들어가는 꽃잎들의 생"과 "시기하지 않고 피는 목소리들"(「해부 5」)을 발견한다. 나무와 새의 생리, 지식 없이도 살아가는 자들의 소박한 삶이 지닌 의미는 정상과 비정상의 개념으로 쉽게 분류할 수 없다.

가만 보니 비에 젖어 얼룩덜룩해진 할머니의 외투는 드넓은 하늘이다
　칠흑을 집어삼킨 천막 아래, 꽃을 은닉해온 이끼가 늘 그렇듯 남루하나
　돌 틈에 돋아나는 불꽃을 누군가는 유심히 살펴야 하는 법
　나는 고개를 숙이기 위해 할머니의 자세를 배워야만 한다

　잊을 만하면 날아드는 바람 탓에 얽히고설켜 두터워진 정원의 울타리
　잡초로 우거진 문 틈새를 타고 흘러내리는 붉은 떨림
　그건 단순히 한쪽 팔의 가팔라진 경사 때문이 아닌
　더 이상 소란스럽지도 않은 일상

　최 씨 할머니의 혈압약 색깔이 정해지는 오늘
　나는 저 꽃밭에 첫발을 내딛는다
―「정원사」 부분

　세상은 육신의 구조를 살피고 발병 원인과 치료법을 세밀하게 분류하는 지식으로는 설명하지 못하는 것들이 무수히

많다. 1부와 2부와는 달리 3부에 배치된 이질적인 서정시들은 시적 주체가 이 사실을 깨닫는 과정을 보여준다. 응급실에서 "아무 일도 하지 않았는데/봄꽃들이 지고 있"(「응급실 5」)다고 토로하던 것과는 확연히 다른 목소리를 확인하게 된다.

> 대기의 테두리마다 당신의 계절을 묻히고 싶습니다
> 선명한 붓기와 약간의 온기
> 새겨놓았던 굴곡에 한가득
> 떨고 있을지 모르는 위안
> 부는 바람을 써놓고 바라던 글귀를 대신할까요
> 서늘한 그늘 아래 한 소절 여백이 되고
> 푸석푸석 밟히는 활자의 구석이 되어도
> 내 안에 고인 물기의 낯섦을 긷겠습니다
> 모두들 그렇게 미끄러지려는 본능에 충실하지만
> 흘려보내며 자아지는 바람만큼
> 서러운 시제(時制)는 세상에 없습니다
> 나는 계절을 혼동하지 않았고
> 여전히 오전 8시입니다
> ―「연가」 전문

질병이 넘치는 세계는 인간을 세밀하게 분류하고, 특정한 '정상성'을 강요한다. 숫자와 효율이 강요되는 세계에서 인간의 개별적인 사연과 감정, 고통은 불필요한 소란으로 치부된다. 요컨대 '해부' 연작시와 '응급실' 연작시에 나타난 시적 주체의 고뇌는 지극히 비효율적인 것이다. 그래도 시적 주체는 줄곧 비효율적인 '머뭇거림'을 고집한다.

    삶을 감당해온 이들이 서로를 만지며 변화를 모색 중이지만 가령 억지로 밀어 넣은 어떤 몸 안에는 내장에서 피어오르는 온기처럼 웅얼거리는 불만 섞인 사연들이 많은 법이다.

    굴곡의 내력이 적막한 고목의 숨길을 들어 올리듯 푸르게 녹슨 실밥을 따라 대칭으로 쪼개진 얼굴은 다소 굳은 표정만 간직하고 있으므로 감정에서 감정으로 기억을 추출할 방법은 없는 것이다.

    실가지 알줄기 실뿌리…….

    우리가 청결하고도 차갑게 칼을 닦아낼수록 기능을 지닌 자들은 계절에 파묻힌 채 어제의 냄새를 잃어버린다는 것을 철저하게 한 일생에서 누락되지 않은 장기들을 보면 알 수 있을 뿐이다.

—「해부 6」부분

의사의 지식은 곧 권력과도 같다. 병을 분류하고 진단을 내리는 의사는 타인의 생명을 책임진다. 의사인 시인은 이 사실을 이미 잘 알고 있다. 가령 노화는 자연스러운 과정이고 건강은 진화 과정상 일시적인 상태에 불과하다. 이것이 정상과 비정상이라는 경계가 세워지는 구분점이 될 수는 없다. 그러나 의학적 지식은 여기에 무수한 경계를 설정한다. 이를테면 일반적인 노화 현상 중 하나인 근력의 감소는, 정상이 아닌 '사르코피니아(sarcopenia)' 같은 병명이 붙고, 의료적 처치의 대상이 되는 식이다. 병리학적인 지식이 많아질수록 인간은 더 많은 질병을 앓게 되고, 사람들은 점차 비정상적이라는 낙인을 찍힌 채 분류된다.

> 날카로이 벼린 무언가에 갈려져 고른 말이 되었지만
> 낱강의 무게를 이기지 못한 채 쏟아지는 의서(醫書)에
> 그들이 운신할 자리는 없다
>
> ㄱ, ㄴ, ㄷ …….
>
> 종이를 넘어서자마자 뚝뚝 떨어지는 말
> 쭈그려 앉아 있는 그들 위로 세월의 무게가 추출되고
> 낮게

더 낮게, 병실은
환자의 말을 받아내고 있다

성긴 모공들마다 담배 내음이 밴 예순여덟 살 남자 환자
날숨을 타고서 흘러내리는 그의 말은 차갑다
어려운 글자들로 가득한 하얀색 가운이 의자에 앉자
말들은 차트를 앞에 두고 제자리를 찾기 위해 발버둥치
고 있다

—「말」부분

  시인의 시적 주체는 끊임없이 반문한다. 인간을 해부하고, 병리학적으로 환자를 분류해도 '나'는 왜 모르는 것이 이토록 많은가. '나'는 왜 "케케묵은 이들은 쉽게 잊"(「월유(月幽)」)지 못하는가. 병리학적 기준과는 달리 병은 환자마다 제각각이다. 아무리 애써도 타인을 완전히 파악할 수 없다는 점에서 우리는 모두 듣지 못하고, 느끼지 못하는 병을 앓는 환자와 다름없다. 병은 바로 "당신의 일부가 당신을 공격하는"(「탯줄」) 과정에서 생긴다. 각자의 고통을 감내하며 끝내 소멸할 운명을 인식한 자는 겸손해질 수밖에 없다. 삶이 유한하다는 사실을 망각하면서 인간은 쉽게 망가진다.

  여기서 우리는 김호준의 시에 등장하는 시적 주체들이 자세를 낮추어 타인의 이야기를 듣고자 하는 이유를 알게 된다.

'나'는 마스크로 가려진 외롭고 지친 사내의 얘기를 들으려고 "허리를 굽"(「응급실 10」)히고, "썩어가는 뼈마디"에서 "붉은 체온이 길어 올리는 물소리를"(「해부 2」) 듣는다. 그러면서 시적 주체는 생명의 온기를 잃고 "딱딱하게 식어서"(「해부 8」) 관에 눕혀질 인간의 운명을 거듭 자각한다. 이것은 의사로서의 윤리이자 '쓰는 사람'의 윤리이기도 하다. 아마도 이 시집은 의사인 시인이 자신을 향해 발신한 편지이자 처방전일 것이다. 마스크로 얼굴을 가리고, 격리된 자들이 늘어난 시대, 고통에 무감각해진 시대에 이 시집이 지닌 울림은 각별하다. '메멘토 모리"(Memento mori), 자신의 죽음을 기억하라. 김호준의 시는, 고통에 무뎌진 채 서로의 얼굴을 바라보지 않는 것에 익숙해진 이 시대에 '죽음'과 대면해야 하는 인간의 운명을 다시 생각하게 한다.

시인동네 시인선 182

너의 심장을 열어보고 싶은
ⓒ 김호준

  초판 1쇄 인쇄 2022년 8월 24일
  초판 1쇄 발행 2022년 8월 31일
     지은이 김호준
     펴낸이 김석봉
     디자인 헤이존
     펴낸곳 문학의전당
    출판등록 제448-251002012000043호
      주소 충북 단양군 적성면 도곡파랑로 178
      전화 043-421-1977
     전자우편 sbpoem@naver.com

    ISBN 979-11-5896-557-0 03810

*이 책의 판권은 지은이와 문학의전당에 있습니다.
*양측의 서면 동의 없는 무단 전재 및 복제를 금합니다.
*잘못 만들어진 책은 바꿔드립니다.